ÉTUDE

SUR

LA DISTRIBUTION GÉOGRAPHIQUE DES RACES

SUR LA CÔTE OCCIDENTALE D'AFRIQUE

DE LA GAMBIE À LA MELLACORÉE

PAR

M. LE D' MACLAUD

CHARGÉ DE MISSION DU MINISTÈRE DE L'INSTRUCTION PUBLIQUE
ET DU MINISTÈRE DES COLONIES.

(Extrait du *Bulletin de géographie historique et descriptive*, N° 1. — 1906)

PARIS

IMPRIMERIE NATIONALE

MDCCCCVI

ÉTUDE

LA DISTRIBUTION GÉOGRAPHIQUE DES RACES

SUR LA CÔTE OCCIDENTALE D'AFRIQUE

DE LA GAMBIE À LA MELLACORÉE

PAR

M. LE Dr MACLAUD

CHARGÉ DE MISSION DU MINISTÈRE DE L'INSTRUCTION PUBLIQUE
ET DU MINISTÈRE DES COLONIES.

(*Extrait du Bulletin de géographie historique et descriptive*, N° 1. — 1906)

PARIS

IMPRIMERIE NATIONALE

MDCCCCVI

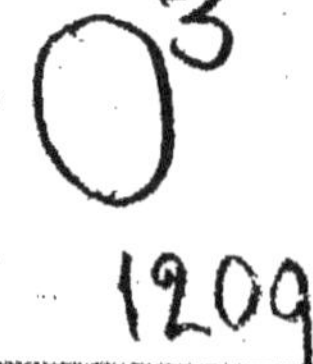

ÉTUDE

SUR

LA DISTRIBUTION GÉOGRAPHIQUE DES RACES

SUR LA CÔTE OCCIDENTALE D'AFRIQUE

DE LA GAMBIE À LA MELLACORÉE.

Il est peu de contrées dans le monde qui nourrissent une aussi grande variété de races humaines que la partie de l'Afrique occidentale qui s'étend de la rivière de Gambie à la frontière franco-anglaise de Sierra-Leone. Le voyageur s'y trouve en présence d'un véritable « pandemonium », où sont représentés, pêle-mêle avec leurs vainqueurs, les débris des populations nègres qui ont habité jadis les territoires du Haut-Sénégal et de la boucle du Niger et que des invasions plus ou moins récentes, venues du Nord-Est, ont rejetées sur le littoral de l'Atlantique.

L'observateur le moins bien préparé reconnaîtra sans difficulté les différences profondes qui séparent les nouveaux venus d'avec les premiers habitants du sol; mais ce n'est qu'avec beaucoup de peine qu'il retrouvera les liens de parenté qui unissent entre elles les peuplades vaincues. Leur contact prolongé avec les races envahissantes et surtout la nécessité où elles se sont trouvées de s'adapter aux conditions de leur nouveau milieu, ont apporté une perturbation considérable dans leur ethnique et ont même modifié, dans une certaine mesure, leur habitat extérieur.

Malgré cette différenciation, il semble néanmoins évident, pour des raisons que j'exposerai plus loin, que toutes les peuplades, aujourd'hui éparses le long de la côte et sur la lisière de la grande forêt de la Côte-d'Ivoire, procèdent d'une commune origine. Je grouperai donc, dans cette brève étude, sous le nom très imprécis d'ailleurs, de *races aborigènes*, les divers groupements qui peuplent l'Ouest africain et qui me paraissent issus d'une grande race nègre, autrefois prédominante dans toute la région nigérienne.

Par contre, j'appellerai *races soudaniennes* les tribus envahissantes, foulbés ou mandingues, dont les migrations ont laissé une trace dans les traditions locales et dans les *Tarich* des historiens arabes. Les grandes lignes de leurs invasions sont aujourd'hui connues, et leur relation ne saurait entrer dans le cadre de cette note. Je ne les rappellerai que pour mémoire, laissant au lecteur le soin de se reporter aux ouvrages originaux et aux traductions récentes des Arabes[1]. Toutefois il ne me paraît pas sans intérêt de mentionner les déplacements que ces peuplades ont effectués depuis le moment où elles se sont trouvées en contact avec les représentants de la civilisation européenne.

Nous possédons dès à présent d'amples renseignements sur un certain nombre de peuplades indigènes de l'Afrique occidentale : la plupart d'entre elles sont journellement en contact avec l'Européen, et leurs caractéristiques anthropologiques et ethnographiques nous sont assez bien connues. Mais il existe çà et là des familles qui se sont trouvées en dehors des grandes voies de la pénétration européenne et sur lesquelles nous n'avons encore que des données fort incomplètes. La sauvagerie de quelques-unes a éloigné d'elles les colons et les commerçants, et la *paix romaine* que leur a imposée la civilisation blanche est encore trop récente pour avoir permis à la science de les étudier d'une manière profitable.

De remarquables efforts ont cependant été tentés par nos explorateurs et nos administrateurs, notamment par M. le regretté Dr Rançon[2] pour les populations de la Haute-Gambie, par M. G. Paroisse[3] pour les indigènes de la Guinée française, par le Dr Lasnet[4], de l'armée coloniale, pour les races sénégalaises, et plus récemment par M. J. Leprince[5], de la Mission de délimitation de la Guinée portugaise, qui a consciencieusement enquêté

[1] Houdas, *Tarich-ès-Soudan*.

[2] Dr Rançon, *Dans la Haute-Gambie*, 1895.

[3] G. Paroisse, *Note sur les peuplades autochtones de la Guinée française.* (*L'Anthropologie*, 1896.)

[4] Dr Lasnet, *Une mission au Sénégal*, 1900.

[5] J. Leprince, *Revue coloniale*, 1905.

sur les Diola, les Bayotte, les Bagnouñka, les Brame et les Balante de la Basse-Casamance.

Mais le champ des investigations reste encore très étendu : c'est
ainsi que les peuplades de la Guinée portugaise (Papel, Biaffare,
Manjake, Bijougo, etc.), les tribus du Rio Componi (Yola, Tenda
Baga Madori, etc.) et celles du Rio-Nuñez (Baga foré, Nalou,
Landouman) ne nous sont guère connues que par les rapports in-
complets des administrateurs coloniaux ou par les racontars sus-
pects des races voisines.

Je me contenterai donc, pour le moment du moins, d'indiquer
avec toute la précision possible, sans m'occuper autrement de
leurs caractères spécifiques, la localisation actuelle des groupements nègres de l'Ouest africain, les modifications qu'ils ont ap-
portées à leur habitat et les tendances que manifestent certains
d'entre eux à essaimer vers d'autres territoires.

1. RACES SOUDANIENNES.

Il est hors de doute que les derniers venus en Afrique occidentale sont les Peulh (Foulbé), les Mandingues [1] (Mandé) et les
Soninké (Sérék-houllé). Ce sont eux qui, par la force des armes
ou par infiltration lente, ont repoussé vers la mer les primitifs
occupants des territoires, alors boisés, de la Boucle du Niger.

Leurs invasions ne se sont pas toujours produites en masses
compactes, projetées en avant par le choc de celles qui les suivaient
dans leur exode, comme le fait s'est produit au moment où les
Barbares assaillirent l'Empire romain. En Afrique occidentale,
les envahisseurs des différentes races se sont avancés en groupes
plus ou moins denses et leurs colonies se sont trouvées, à un moment donné, enchevêtrées les unes dans les autres. Les combats
acharnés que se sont livrés ces tribus isolées remplissent l'histoire
des deux derniers siècles. Quelques conquérants, tels que El-Hadj-
Omar, Tiéba, Samory, pour ne citer que les plus célèbres, ont tenté
de grouper en un seul faisceau les hommes de leur race, mais les
empires éphémères qu'ils ont réussi à fonder, n'ont eu d'autre résultat que de déraciner des populations qui commençaient à se
fixer au sol conquis par leurs pères.

[1] Mandingue est le nom francisé des *Mandinké* ou *Malinké*.

Aujourd'hui que l'ère des grandes conquêtes semble close, les Foulbé et les Mandingues, toujours entraînés par la force irrésistible qui les pousse vers la mer, entament pacifiquement, l'Islamisme aidant, les territoires des peuplades du littoral, et continuent inconsciemment l'œuvre de leurs ancêtres.

A. Famille Peulh [1].

Je n'ai jamais rencontré dans l'Ouest du 14ᵉ méridien et dans le Sud du 13ᵉ parallèle de Foulbé de race pure [2], du moins à l'état de groupement.

Les Foulbé qui habitent l'Ouest africain sont, à n'en pas douter, fortement mêlés de sang nègre, soit qu'ils aient été métissés par les Mandingues (Toucouleur), soit qu'ils aient subi l'empreinte des populations dont ils ont conquis le territoire (Foulacounda).

L'organisation de la famille peulh, du moins dans la partie de l'Afrique qui s'étend entre le Haut-Niger et l'Atlantique, donne toute facilité à l'adultération de la race. Il est en effet permis au chef de famille d'épouser une ou plusieurs femmes esclaves : les enfants qui naissent de ces unions sont de condition libre et conservent le nom de Foulbé. Si l'on considère que la population servile des pays foulbé est constituée par des individus d'origines les plus diverses, on comprend qu'au bout de quelques générations, le type actuel soit quelque peu différent du type original : c'est ce qu'a pu constater M. le Dʳ Verneau quand il a étudié les crânes de Foula que j'ai rapportés du Foûta-Diallon en 1898.

Pour ces raisons peut-être, et pour des motifs d'ordre politique, les Foulbé occidentaux sont une race en pleine dégénérescence : leurs caractères spécifiques persistent rarement dans le cas de mélange avec des races dont le type est plus fixé.

Quoi qu'il en soit, les Peulh de la région qui nous occupe se divisent en trois groupes principaux : *a.* les Foulbé Foûta ou Foula du Foûta-Diallon ; *b.* les Foulbé foro ou Foulbé libres du Fouladou (Haute-Casamance) et *c.* les Foulacounda de la Guinée portugaise.

La distinction entre les deux derniers groupes est assez peu jus-

[1] Peulh ou Poul, ou encore Poullo, selon les dialectes, se dit au pluriel Foulbé.

[2] M. l'Administrateur adjoint Guebhard, qui a longtemps habité le Foûta-Diallon, a vu, au village de Bounaya, plusieurs familles foulbé pures. Ces Peulh, qui s'appellent eux-mêmes *Poulli*, vivent à l'écart de leurs voisins. Ils sont d'ailleurs en voie de disparition.

tifiée : les indigènes les confondent souvent sous la dénomination de
Foulacounda. A ces familles, il convient d'ajouter celles des Irlabé,
des Dénianké et la tribu des Houbbou, qui ne sont actuellement
représentées que par un petit nombre d'individus.

1° Foulbé Foûta ou Foula du Foûta-Diallon
(Voir la carte. — N° 1.)

Les Foulbé Foûta (au singulier, Poullo Foûta), comme ils s'appellent eux-mêmes, habitent le Foûta-Diallon. Les Soussou les dé-
signent sous le nom de *Foula;* les Mandingues les nomment *Fou-
tanké* (hommes du Foûta).

Je me garderai bien d'émettre une opinion sur leurs origines,
car les nombreuses théories qui ont été édifiées à ce sujet ne reposent, à mon avis, sur aucune base sérieuse. Une légende, très
répandue dans le pays, les fait venir du Foûta sénégalais, qu'ils
auraient quitté, il y a trois siècles, sous la conduite d'un chef
nommé *Koli*[1]. Les Foûta foro et les Foulacounda n'auraient pas
tardé à les suivre dans leur exode, tandis que les Foulbé du Foûta
Toro (Podor) se seraient dirigés vers l'Ouest pour envahir le pays
qu'ils occupent actuellement.

Quoi qu'il en soit, il est indiscutable que les Foulbé Foûta
se trouvaient déjà dans le Foûta-Diallon, au commencement du
xiii° siècle. Dans la relation de son voyage au Bambouk (1727),
Charpentier[2], agent de la Compagnie des Indes, signale au sud
du Sangala, les *Foulles Guyallons*, qu'il est impossible de ne pas
identifier avec les Foulbé du Foûta-Diallon.

Les traditions locales et les «Tarich» des Timbi rappellent que
les Foula ont trouvé dans le pays les Soussou ou Diallonké (habitants du Diallon), au milieu desquels ils se sont établis en nomades, avec leurs troupeaux. En moins de cinquante ans, ils ont
réussi à refouler leurs hôtes au sud du Konkouré et à l'ouest de la
rivière Manga, affluent de la Fatalla.

[1] Il paraît démontré que l'invasion peulh ne se produisit pas d'un seul coup :
les premiers arrivants seraient les Poulli, presque blancs, qui n'existent plus que
dans les massifs montagneux presque inaccessibles. Les pasteurs, de race toucouleur, ne seraient venus que longtemps après.

[2] Machat, *Documents sur les établissements français de l'Afrique occidentale,*
1906.

Vers la fin du xviie siècle, un certain nombre de familles musulmanes d'origine mandingue pénétrèrent dans le Foûta et s'établirent au milieu des Foulbé pasteurs. Elles ne tardèrent pas à prendre sur ces derniers une influence considérable, même dans les provinces les plus reculées. Pour se défendre contre de nouveaux envahisseurs, elles se réunirent en confédération et surent intéresser à leur cause quelques familles foulbé, notamment les Irlabé. Les plus illustres de ces Mandingues sont les Seïdianké, qui acquirent par un coup de force la prépondérance sur la province de Timbo.

De nos jours encore, ces familles mandingues constituent l'aristocratie du pays. Leurs représentants se métissèrent bientôt avec les Foulbé, en épousant des filles des pasteurs; aujourd'hui, ils ne se distinguent plus des Foula que par leur arrogance et leurs habitudes de violence. Ils conservent fièrement leurs noms mandingues[1] et considèrent comme une injure sanglante le nom de *Foula* qui leur est donné par les étrangers. Ils affectent le plus profond mépris pour les gens du pays qu'ils appellent dédaigneusement *Foulbé bourouré* (Peulh de la brousse). Jusqu'à l'occupation française, ces derniers n'étaient guère mieux traités que les esclaves importés des pays voisins; ils ne pouvaient, il est vrai, être vendus comme l'étaient les captifs, mais leurs biens étaient à la merci de leurs oppresseurs.

Depuis Karamokho Alfa, les Almamys du Foûta-Diallon et les chefs des provinces ont toujours été choisis dans la famille Seïdianké. Dans les diwal (provinces) de l'Est, la plus modeste place de chef de village ne peut être remplie par un Poullo bourouré.

Sous l'influence des chefs Seïdianké, les Foulbé Foûta ont, à plusieurs reprises, tenté d'empiéter sur les territoires de leurs voisins. Les Almamys de Timbo, qui avaient depuis longtemps établi leur pouvoir sur tout le Foûta, ont pris part à toutes les grandes guerres qui se sont faites dans leur voisinage.

Malgré leur nombreuse armée d'esclaves de guerre (*sofa*) et leurs mercenaires mandingues, les chefs musulmans comptèrent plus de revers que de succès. Il y a moins de trente ans que les Houbbou et leur chef Abal entrèrent en vainqueurs à Timbo et que les Soussou disputèrent victorieusement aux Almamys le passage

---

[1] Leurs *diammou* sont encore : Seïdianké (Keïta), Sérianké, Modianké, Samaranké, évidemment mandingues.

/ du Konkouré. Leurs campagnes contre les Diallonké de la Fallemé furent désastreuses.

Plus près de nous, le chef du Labé, Alfa Yaya[1], fit des incursions dans le Foréa et le N'gabou, ruina le Badiar et le l'akési, mais échoua piteusement contre les Koniagui.

Les Seïdianké ne firent jamais ouvertement alliance avec Samory; ils l'aidèrent de leurs subsides tant qu'ils le crurent victorieux, mais furent les premiers à applaudir à sa défaite. Leur duplicité fut punie par l'arrivée d'une colonne française, devant laquelle ils se hâtèrent de se soumettre, rappelant à propos qu'ils étaient les alliés de la France (1896).

Au contraire, les Foulbé eurent toujours l'avantage quand ils se bornèrent à employer le moyen qui a toujours si bien réussi à leurs pères, à savoir l'infiltration pacifique. Ce procédé, que nous avons eu l'occasion d'observer à plusieurs reprises, au cours de ces dernières années, est toujours le même : un essaim nomade s'avance avec ses troupeaux le long d'une rivière et demande aux gens du pays de faire paître leurs bœufs sur des terres inoccupées; le chef de la tribu, généralement un marabout qui prend le titre de *wali* (vali), fonde, à côté de son *goré* (parc à bestiaux), une *missidi* (mosquée). Il paye sans protester le droit de pacage aux possesseurs du sol, jusqu'au jour où l'arrivée de nombreuses recrues lui permet de modifier son attitude. Les légitimes propriétaires sont à ce moment en butte à toutes les tracasseries imaginables; les puits sont dégradés, les clôtures des champs détruites pour en permettre l'accès aux troupeaux. Les vols se multiplient, les rixes deviennent plus fréquentes et plus meurtrières, jusqu'au jour où les «infidèles» cèdent, de guerre lasse, la place à d'aussi désagréables voisins. Parfois l'expulsion des propriétaires a lieu à main armée et les Bourouré poltrons se transforment en massacreurs impitoyables. C'est ainsi qu'ont procédé jadis les Foulbé avec les Soussou; c'est ainsi qu'en ont usé les gens du Wali avec les Diallonké du Goumba (1892), le marabout senoussi de Boussoura avec les Koniagui (1893), les Foulbé des Timbi sur la Fatalla (1893), le Wali de Bakdadja dans le nord du Koïn, 1900, etc.

Aujourd'hui les Foula profitent de la sécurité que l'occupation française a apportée dans le pays pour continuer leur expansion

---

[1] Métis de race peulh, son «diammou» est Denianké.

dans les contrées voisines. Chaque jour marque pour eux une étape nouvelle; d'ici à quelques années, ils auront poussé leurs troupeaux jusqu'au bord de la mer et obtenu ainsi un résultat que leurs chefs Seïdianké n'ont pu réaliser par la violence.

D'autre part, le Foûta-Diallon n'est plus aujourd'hui la terre inhospitalière qu'il était encore il y a quelque dix ans. A leur grand regret, les Seïdianké ont dû perdre l'habitude de rançonner les caravanes sur les grands chemins (*droit de lappol*). Le pays est aujourd'hui parcouru par d'innombrables traitants (*dioula*) mandinké et soussou, qui ne craignent plus de s'y aventurer, confiants qu'ils sont dans la protection que leur assure l'autorité française. Avec les produits européens, ils y importent des idées nouvelles, qui modifient du tout au tout les conditions économiques et sociales dans lesquelles les Bourouré s'étaient cristallisés, sous la tyrannie brutale et cupide des Seïdianké.

Le chemin de fer de Konakry au Niger complétera cette œuvre de pénétration réciproque des races, hier encore ennemies, et en effectuera le mélange pour le plus grand bien de la civilisation et de l'humanité. Mais cette résolution ne s'accomplira pas sans amener des ruines, comme nous le verrons plus loin, quand il sera question des Mikhiforé.

2° FOULBÉ DE LA HAUTE-CASAMANCE OU FOULA FORO DU FOULADOU.

(VOIR LA CARTE. — Nᵒˢ 2 ET 3.)

L'énumération des différences ethnographiques qui distinguent les Foulbé de la Haute-Casamance de ceux du Foûta-Diallon ne saurait trouver sa place dans cette étude rapide. Ces caractères spécifiques sont d'ailleurs assez peu marqués, et l'on peut affirmer sans témérité que les gens du Fouladou ne diffèrent de ceux du Foûta qu'en ce que l'Islam ne les a pas encore marqués de son empreinte indélébile. On pourrait ajouter que les premiers, s'étant moins laissé adultérer par le sang des races serviles, ne présentent pas, au même degré, cette abjection et cette dégénérescence qui ont frappé tous les voyageurs[1] au Foûta-Diallon.

Pendant de longues années, les Foula foro ont été opprimés par les Mandinké, qui agissaient, à leur égard, comme les Seïdianké

____

[1] O. DE SANDERVAL, *De l'Atlantique au Niger par le Foutah-Djallon*, 1882.

en ont usé avec les Bourouré. Venus en nomades chez les Mandingues, les Foula y avaient rapidement prospéré sur le sol fertile de la Haute-Casamance et avaient fondé des villages importants. Mais la race mandingue, plus résistante que les Diallonké et fortifiée par le prestige de l'Islam, ne s'était pas laissé supplanter par les nouveaux venus; elle les avait, au contraire, maintenus dans une dépendance méprisante.

En 1869, les Foulbé, exaspérés, se soulevèrent à la voix de Moggo Eggui et détruisirent, l'une après l'autre, les forteresses (*tata*) mandingues. Leurs parents du Foûta-Diallon leur vinrent en aide. En moins d'un an, les Mandinké, moins nombreux, furent réduits à l'impuissance et durent accepter une paix humiliante. Les Foulbé n'abusèrent pas de leur victoire et autorisèrent leurs anciens maîtres à demeurer dans le pays[1]. Aujourd'hui, Mandinké et Foulbé vivent côte à côte dans les mêmes villages. Toutefois, leurs cases s'élèvent dans des quartiers différents : Morikounda (l'endroit des musulmans) est toujours éloigné de 5 ou 600 mètres de Foulakounda (l'endroit où habitent les Foula).

Les premiers tissent le coton et pratiquent le commerce, les seconds élèvent leurs troupeaux et s'adonnent à l'agriculture.

Dans toute la région septentrionale et orientale du Fouladou, l'élément peulh est prédominant, le phénomène inverse s'observe dans le Sud-Est, où les Foulbé sont de plus en plus disséminés; on n'en rencontre plus qu'exceptionnellement sur les bords du Cachéo, en aval de Farim.

A la suite de l'insurrection qui délivra le pays du joug des Mandingues, le chef foulbé du Firdou (Hamdallaye) avait acquis une influence prépondérante sur les autres provinces du Fouladou. Cette suzeraineté, tout d'abord simplement nominale, devint une tyrannie insupportable avec Moussa Molo. Les exactions de ce chef obligèrent la plupart des habitants des provinces du Patiana, du Niampayo, du Mamboua, etc., à se réfugier en Guinée portugaise. Des cantons, jadis très peuplés, devinrent déserts. La fuite de Moussa Molo en territoire anglais (1903) et l'établissement définitif de la frontière franco-portugaise (1904-1905) eurent pour résultat de ramener les émigrés dans leurs villages.

[1] J. LEPRINCE, Le Fouladou, 1905, *Dép. Coloniale.*

3° Foulacounda ou Foulbé du N'Gabou. (Voir la carte. — N° 4.)

On donne le nom de Foulacounda (*Foulakounda* veut dire l'endroit où habitent les Foulbé) à la branche de la famille peulhe qui a pu se soustraire à la domination mandingue et conserver le pays qu'elle a conquis sur les Nalou, les Loudauman et les Biaffade.

Les Foulacounda ressemblent plus aux Toucouleur du Foûta-Toro qu'à leurs congénères du Fouladou et surtout qu'aux Foulbé Foûta. Ils ont conservé l'activité des premiers, sans doute parce qu'ils n'ont pas été abâtardis, comme les autres, par un servage prolongé. Jusqu'à ce jour, l'Islam n'a fait que peu de progrès dans leurs rangs.

Les Foulacounda habitent le N'Gabou portugais qu'ils ont eu à défendre contre les chefs du Labé. Pasteurs comme les Foulbé Foûta, mais restés à demi nomades, par le fait des circonstances locales[1], ils ont essaimé dans toutes les directions. Au Sud-Est, ils se sont avancés jusque dans le voisinage de la mer, chassant devant eux les Biaffade des bords du Rio Grande. Ils ont conquis le Foréa sur les Nalou qu'ils ont rejetés dans les forêts voisines du littoral.

Ils se sont étendus sur les deux rives de la rivière Mansôa au détriment des Manjake et des Biaffade et ont endigué dans cette région l'expansion des Mandingue de l'Ouèye.

On retrouve des colonies foulacounda dans le Badiar et même chez les Koniagui, où ils ont adopté en partie les coutumes des indigènes. Ils traversent enfin le Rio Grande dans le Sud et disputent les pâturages de Dandoum aux pasteurs foula du Bové et de Kadé.

4° Houbbou. (Voir la carte. — N° 5.)

La tribu des Houbbou faisait évidemment partie de l'avant-garde peulh au moment de l'invasion du Foûta-Diallon[2]. Comme les Foulacounda, elle a conservé l'énergie, qu'ont conservée les Toucouleur et qu'ont perdue les Foula.

---

[1] Le N'Gabou est un pays uniformément plat ; les cours d'eau et par conséquent les pâturages de saison sèche sont très rares, particularité qui oblige les pasteurs à des déplacements continuels.

[2] Ils seraient les contemporains des Poulli, ou peulh nomades de race pure, qui subsistent encore en quelques points du Foûta, et qui ne cachent pas le mépris que leur inspirent les nouveaux venus mandingues, actuellement les maîtres du pays. Malgré toute l'habileté des Seïdianké, les Poulli et aussi les Houbbou se sont toujours tenus à l'écart des affaires du Foûta.

Elle est cantonnée dans la Fita, région boisée qui sépare le haut Tinkisso de Farana. Elle a su défendre son indépendance contre les Almamys Seïdianké, qui ont tenté à plusieurs reprises de l'asservir. Bien qu'ils s'affirment de même race que les Foulbé fouta, les Houbbou ont rendu coup pour coup à leurs agresseurs; ils prirent et brûlèrent Timbo vers 1880, et leur chef tua de sa main l'Almamy du Foûta. Aujourd'hui encore, ils viennent razzier les esclaves et les troupeaux des Foula jusque sur les bords de Bafing.

On retrouve un autre noyau de Houbbou tout à l'autre extrémité du Foûta-Diallon, sur la limite occidentale du Bové, entre le Rio-Nuñez et le Rio-Pongo. Leur principal village est Kavessi; là, comme au Fita, les Houbbou vivent en désaccord avec leurs voisins.

5° IRLABÉ.

La famille peulh des Irlabé (au singulier Guirladiò) ne compte au Foûta-Diallon qu'un petit nombre de représentants, qui vivent disséminés dans les environs de Timbo. Elle est originaire de Saldé, sur le Sénégal, où habite encore le gros de la tribu.

S'il faut en croire les traditions locales, les Irlabé auraient été les guides, sinon les chefs des pasteurs foulbé, au moment de leur exode vers le massif montagneux du Foûta. Avant l'arrivée des Mandinké, ils constituaient avec les Dénianké et quelques autres familles foulbée, l'aristocratie des nomades, qui leur payaient une sorte de tribut.

Les Mandingues ne leur firent pas subir le sort des Bourouré : ils firent alliance avec eux et leur accordèrent des prérogatives importantes; de nos jours encore, les Irlabé sont consultés pour le choix de l'Almamy de Timbo.

6° DÉNIANKÉ.

Les Denianké ou Delianké jouent dans le nord du Foûta, le rôle des Irlabé dans les provinces de l'Est. Comme ceux-ci, ils ont eu le rôle de « famille guide » (ardo); cette particularité se retrouve, non seulement chez les Toucouleur, mais dans toute la race peulh[1].

____

[1] Les Irlabé (Dial diallo), les Denianké (Diakilé), seraient venus au Fouta. s'il faut en croire certaines traditions, peu de temps avant les familles qui constituent aujourd'hui l'aristocratie du Fouta (Seïdianké, Serianké, Sanaranké), mais longtemps après les Poulli et les Foulbé bourouré.

Les Irlabé et les Denianké m'ont paru être moins métissés que les Toucouleur et les Foula.

7° Torodo, etc.

Je ne citerai que pour mémoire les colonies de Torodo (Toucouleur du Foûta-Toro-Podor) qui se fixent autour des chefs, comme conseillers (*batoula*) ou comme gardes du corps (*sofa*).

Il en est de même des Laobé, qui viennent du Sénégal pour fabriquer et vendre des ustensiles en bois.

On rencontre aussi dans les pays musulmans des gens de coloration claire qui se disent descendants du Prophète (*chérif*). Ce sont le plus souvent des métis de Marocains et de Toucouleur.

B. Familles mandingues.

Il paraît démontré par le témoignage des auteurs arabes que l'empire Mandé, en se disloquant, a donné naissance à différentes familles, dont les plus importantes sont les Mandé-Bambara, les Mandé-Dioula, les Mandé-Malinké et les Mandé-Soussou. Deux d'entre elles et non les moindres, ont poussé leurs invasions jusqua dans l'Ouest africain : ce sont les Malinké et les Soussou.

Les premiers sont plus connus sous le nom de Mandingues; Malinké et Mandinké ne sont d'ailleurs que le même nom, prononcé d'une manière différente. Leurs tribus ont surtout porté leur effort entre le Sénégal et le Moyen-Niger.

Les seconds, les Soussou ou Soso, ont pris une route plus méridionale et se sont localisés de bonne heure sur la rive gauche du Haut-Niger.

Je ne m'occuperai, dans cet article, que de ces deux familles mandingues, en y ajoutant l'étude des colonies fondées récemment en Afrique occidentale, soit par des émigrants libres, soit par des esclaves fugitifs appartenant à la grande race mandingue (Mikhiforé).

1° Mandingues de la Haute-Casamance. (Voir la carte. — N° 6.)

Il est vraisemblable que l'arrivée des Mandingues dans la Haute-Casamance ait eu lieu à des époques successives. De plus, il est probable que les différentes tribus envahissantes n'avaient entre

elles que des parentés très éloignées et que leurs caractères spécifiques ne se soient effacés qu'après une longue cohabitation. Les
Mandingues de la Casamance et ceux de la Guinée portugaise
sont, en effet, bien loin de constituer une race homogène. En outre
de ceux que les indigènes appellent *Mandingues* (*Malinké*), ceux de
la province de Farinko reçoivent le nom de *Sosée*, ceux du Fam-
bantan se voient attribuer la dénomination de *Soninké* et enfin le
groupement qui habite la rive gauche de la rivière de Farim est
désigné sous l'appellation *Véïnké*. Toutes ces peuplades parlent
l'idiome mandingue. Leurs mœurs ne nous sont pas assez connues
pour que nous puissions conclure à leur identité, ou les déclarer
étrangères les unes aux autres. Toutefois, le niveau social relativement élevé des Mandingues musulmans, le fanatisme guerrier des
Veïnké, et l'abjection morale et physique où croupissent les Sosée
et les Soninké ivrognes, semblent plutôt être le résultat d'une di-
versité d'origines qu'une différenciation occasionnelle produite
dans une même race par l'Islam.

2° Sosée et Soninké. (Voir la carte. — N° 7.)

Sosée et Soninké m'ont paru n'être que deux noms différents
donnés à une même peuplade qui habite au nord de Farim, le
long de la rivière Mamparé et du Rio Cachéo. Les Foulbé emploient
de préférence la dénomination de Sosée qui désigne, à les en
croire, un homme de race mandingue, fétichiste et buveur de vin
de palme. Au contraire, les musulmans attribuent au nom de Soninké, la signification méprisante d'infidèle et d'ivrogne : c'est
dans leur esprit plutôt un sobriquet qu'une indication ethnique.
Il est d'ailleurs évident que cette peuplade ne présente aucun caractère commun avec les représentants actuels de la famille Soninké en Afrique occidentale. Au cours des deux derniers siècles,
les Soninké fétichistes (Markanké) ont maintes fois infligé de san-
glantes défaites aux Mandingues musulmans : sans doute, le nom
de l'ennemi détesté est devenu pour eux une injure dont leur fanatisme flétrit une race infidèle. Le fait n'a rien qui puisse surprendre
et les exemples en sont nombreux : c'est ainsi que les gens de
Kong appellent *Bambara* les gens de race sénoufo, que les Foula
de Timbo donnent à tous les ivrognes le nom de *Diallonké*, etc.

On ne peut s'empêcher d'autre part de rapprocher le nom des

Sosée de celui des Soussou. Les Sosée ne seraient-ils alors qu'une tribu aberrante qui se serait détachée des Mandé-Soussou à l'époque de leur grand exode? Cette hypothèse ne présente rien d'absurde en soi, car, si les Sosée ont adopté l'idiome des Mandingues, ils ont conservé dans leur aspect physique une ressemblance marquée avec les Soussou de la Guinée[1]. Seule l'étude scientifique de cette intéressante peuplade pourra trancher la question.

3° VEÏNKÉ OU OUINKÉ. (VOIR LA CARTE. — N° 8.)

Il existe sur la rive gauche du Rio Cacheo, un peu en aval de Farim, un important groupe mandingue que les rares voyageurs qui l'aient visité prétendent très différent des Malinké de la Casamance. La province qu'ils habitent s'appelle Wèye ou Vèye (Oyo en Portugais) et eux-mêmes prennent le nom de Veïnké ou Voïnké.

Cette population est, dit-on, fanatique et belliqueuse. Malgré deux campagnes meurtrières, le gouvernement portugais n'a pu les amener à une soumission complète.

Enserrés entre les Balante et les Foulacounda, avec lesquels ils sont en guerre continuelle, ils auraient, m'a-t-on dit, demandé aux Mandingues du Brassou français, de leur céder un territoire sur les bords du marigot de Tanaffe.

Les Veïnké prétendent n'avoir rien de commun avec les Malinké : aussi, ne serait-il pas sans intérêt, quand nous serons renseignés sur leurs caractères ethnographiques, de les comparer à leurs homonymes, les Weï de Liberia et les Woï ou Kalodioula du Nord de l'Achanti, qui appartiennent les uns et les autres à la race Mandé.

4° MALINKÉ. (VOIR LA CARTE. — N° 6.)

Avant l'arrivée des Foulbé, les Mandingues (Malinké) s'étendaient sur les deux rives de la Casamance jusqu'au marigot de

---

[1] *Le colonel Frey écrit que les Soninké sont une famille des Soussous ou Soso...* (p. 80). Col. FREY : *l'Annamite mère des langues.* Paris, 1892.

D'autre part le Dr Tautain rapporte que les Soussous détruisirent en 1203 le royaume soninké de Wagadou (Ghanata des auteurs arabes). Dr TAUTAIN, *Légendes et traditions des Soninké*, ap. *Bull. de géogr. historique et descriptive*, 1895.

Songrogrou et sur le Cachéo jusqu'à la rivière de Simbore, qui les séparait des Balante; il est probable qu'ils avaient trouvé dans le pays les Diola qu'ils ont rejetés sur la rive droite de la Casamance, les Biaffade qu'ils ont repoussés vers l'embouchure du Geba, les Laudouman et les Nalou qu'ils ont obligés à se réfugier dans le N'Gabou, d'où les Foulacounda les chassèrent d'ailleurs peu de temps après.

Pendant de longues années, ils se laissèrent pénétrer par les nomades foulbé qu'ils regardaient comme des gens incapables de se défendre. Leurs chefs considéraient même les nouveaux venus comme leurs vassaux, et parfois comme de simples captifs taillables et corvéables à merci. Les événements de 1869 leur infligèrent un cruel démenti : ils durent reconnaître la suprématie des Foulbé dans toute la région qui s'appela depuis le Fouladou (pays des Foula).

Leurs tentatives pour reprendre le pouvoir furent écrasées dans le Pakési en 1894, et l'année suivante, le roi du Fogny, Fodé Kaba, vit sa citadelle détruite par une colonne française.

Ne pouvant plus espérer reconquérir par la force leur influence perdue, les Mandingues se servent de l'Islamisme pour reprendre leurs positions dans le pays : leurs mosquées de Sandiniery et de Karantaba, sur la rive gauche de la Casamance, attirent de nombreux fidèles et chaque année voit augmenter le nombre de leurs prosélytes chez les Foulbé. Le marabout de Sandiniery est écouté, non plus seulement dans les pays mandingues et foulbé, mais les Diola, les Bagnounka et autres peuplades fétichistes de la côte s'arrachent à prix d'or ses oracles.

Cette propagande religieuse en vue d'une conquête politique est à la fois dans la tradition de l'Islam et dans celle de la race Mandé. Toutes les fois qu'ils n'ont pu user de la force brutale, les Mandingues ont employé un procédé d'infiltration progressive, qui ne le cède en rien à la méthode cauteleuse des Foulbé.

On sait que les Mandé sont d'infatigables voyageurs; leur esprit d'aventures et surtout l'appât du gain les entraînent dans les contrées les plus lointaines et les plus inhospitalières. Je connais des dioula mandingues des bords du Haut-Niger qui ont visité Grand-Bassam, Lagos et le Sokoto. En 1895, j'ai retrouvé à Konakry un colporteur qui m'avait vu à Kong en 1893.

Or, il arrive parfois qu'au cours de ses pérégrinations, un marabout rencontre une localité peuplée d'infidèles, qui lui paraît propice à ses desseins. Il s'y arrête avec sa femme, qui porte sur sa tête les ustensiles du ménage, le métier à tisser et l'inévitable exemplaire manuscrit du Coran. Près de la case en pisé qu'il ne tarde pas à bâtir, l'ombrage d'un arbre lui tient lieu de mosquée. Entre les heures des prières, il tisse des pagnes bariolés de bleu; ses longues méditations et son air inspiré ne manquent pas d'attirer sur lui l'attention de la foule; quelques prédictions habiles et quelques remèdes distribués à propos le classent comme conseiller favori du chef.

L'année suivante, tout le village infidèle porte des amulettes, et le marabout n'est plus seul à la prière. Bientôt des compatriotes errants se joignent à lui : un marché s'étend devant la mosquée...

La communauté mandingue fait tache d'huile et, un beau jour, elle se sent assez forte pour rejeter hors du village les indigènes dont la présence seule est un outrage pour la sainte mosquée. Souvent un massacre général des infidèles consacre les droits des nouveaux venus...

Alors, dans la nouvelle colonie, se produit invariablement un phénomène d'un symbolisme extrêmement curieux : le chef musulman, nommé par les Mandé, ne se considère comme revêtu de la puissance temporelle que lorsqu'il a été couronné par le représentant de la race dépossédée. C'est ainsi qu'à Kong, l'Almamy tient le pouvoir d'un rejeton méprisé des chefs Zazéré et que, dans les communautés du Barabo (Sanguéwi, Yoroboudi, Talahénéi, etc.), le chef religieux est intronisé par un Pakhalla. A Timbo, l'Almamy Seïdianké ne peut ceindre les neuf couronnes du Foûta qu'après l'assentiment des Irlabé, les anciens guides des Bourouré, etc.

Le peu de temps que j'ai passé chez les Mandingues de la Haute-Casamance ne m'a pas permis de rechercher les vestiges de cette tradition. Il serait d'ailleurs à souhaiter, pour cette raison et pour d'autres, que des observations précises fussent recueillies sur les mœurs des Mandingues, des Soséé et des Veinké de la Casamance et du Cachéo.

5° Colonies mandingues diverses.

En dehors des groupements que je viens de signaler, on rencontre encore un assez grand nombre d'îlots mandingues qui ont résisté à l'invasion peulh ou qui se sont installés sur des territoires déjà occupés par d'autres races.

Dans le Mana et le Pakési, provinces portugaises qui s'étendent sur la rive droite du Rio Grande (Koli), les Mandingues ont pu rester presque indépendants, malgré les attaques des Foulbé du Foûta et la prise de Kankelefa par les troupes françaises (1894). Ces deux provinces ont demandé protection au chef foulacounda du N' G. abou, dont elles se reconnaissent vassales.

Le village de Touba, sur le Rio Grande qui dépend nominalement du chef du Labé (Foûta), a été fondé par la famille des Diakanké.

Ces Diakanké ont essaimé dans la vallée de Tiguilinta (haut Rio Nuñez) jusque dans les environs de Boké où elles sont connues sous le nom de *Touba-Kaye* (en soussou, gens de Touba).

Dans tout le massif du Foûta-Diallon, et surtout dans la partie septentrionale, on trouve des colonies mandingues, d'origines diverses, fondées depuis l'occupation française. Elles sont composées principalement de traitants (*dioula*), de cordonniers (*garanké*), de forgerons (*noumouké*), etc., qui sont venus des bords du Niger et du Ouassoulou.

Souvent, ces immigrés mandingues s'établissent dans le voisinage des villages foula : on reconnaît leurs quartiers à leurs cases plus petites et plus rapprochées les unes des autres.

Parfois, ils se groupent en agglomération distincte : leurs villages présentent cette particularité qu'ils s'élèvent le long des cours d'eau, alors que les Foulbé dressent habituellement leurs demeures au sommet d'un mamelon, d'où ils peuvent surveiller l'arrivée de l'étranger.

Ces Mandingues vivent en paix avec la population peulh qui les entoure : à l'encontre de leurs hôtes, ils se montrent très favorables à l'extension de l'influence européenne.

6° **Mixhiforé.** (Voir la carte. — N° 9.)

Les Soussou appellent *Mikhiforé* [1] (hommes sauvages) et *Foulakougni* (captifs des Foula), des groupements hétérogènes composés d'esclaves « marrons » évadés du Foûta-Diallon.

---

[1] On dit également Mekhiforé, Mokhoforé et même Mandi-foré.

Les Mikhiforé sont actuellement établis entre le Rio Nuñez et le Rio Pongo, dans la région boisée qui s'étend au Sud-Ouest du pays des Landouman et à l'Est des Bagaforé. Ils comptent une douzaine de villages prospères, dont les principaux et les plus peuplés sont Wankifon et Kansitaye.

Un autre centre, auquel on réserve plus spécialement le nom de *Foulakougni*, s'est développé dans la haute vallée de la Kolenté, à l'Ouest de la province soussou du Goumba : ce groupement est en voie de disparition, les anciens captifs qui le constituaient ayant pour la plupart regagné les territoires du Haut-Niger[1].

Les Mikhiforé et les Foulakougni ont eu à se défendre contre leurs anciens maîtres qui ont souvent tenté de les ramener en captivité. D'autre part, les Soussou, voyant en eux une proie facile, ont à plusieurs reprises dévasté leurs villages, sous prétexte que les Mikhiforé pillaient leurs caravanes de commerce et venaient razzier leurs troupeaux jusqu'aux rives du Rio Pongo. Il est très possible que les conditions précaires de leur existence et peut-être aussi un sentiment de vengeance contre les Foula aient développé chez les premiers Mikhiforé certaines habitudes de brigandage et que les actes de piraterie qui leur étaient reprochés ne fussent pas tous inexacts. Le fait est qu'à la suite des plaintes des gens du Pongo et du Bové, l'autorité française a été obligée de diriger contre les réfugiés plusieurs colonnes de police (Mikhiforé, 1889; Foulakougni, 1894).

Aujourd'hui, ces anciens captifs vivent en paix dans leurs villages et au milieu de leurs cultures. Ils se sont résolument placés sous la tutelle de l'Administration française qui leur garantit l'indépendance et la sécurité; l'existence libre qu'ils ont conquise a effacé chez eux le dernier vestige de la dégradation servile dans laquelle ils ont si longtemps vécu.

L'origine et le développement des communautés Mikhiforé sont liés à un phénomène social du plus haut intérêt, qui transforme sous nos yeux les conditions économiques de la Guinée française : je veux parler de la disparition prochaine de l'élément servile dans le Foûta-Diallon. L'étude détaillée de cette évolution m'entraînerait en dehors des limites de cet article : elle soulève en effet des problèmes administratifs sur lesquels il ne m'est pas permis d'émettre une opinion. Toutefois il ne me paraît pas sans intérêt d'indiquer

[1] Il en restait encore 1800 au recensement de 1901.

brièvement les raisons qui ont provoqué cette remarquable évolution.

On sait qu'au Foûta-Diallon il existe, en dehors de la population libre composée, comme je l'ai dit précédemment, des paysans (Foulbé bourouré), des castes dirigeantes (Seïdianké, Denianké, Irlabé, etc.) et des dissidents (Poulli, Houbbou, etc.), un nombre considérable d'esclaves de provenances diverses ; on y trouve en effet :

1° Des captifs de case (*Ouóbé*), nés au Foûta de parents esclaves et dont la loi musulmane interdit la vente : ce sont eux qui fournissent les «*satigué*» (chefs des villages de culture) et les «*sofa*» ou captifs susceptibles d'être armés en temps de guerre ;

2° Les captifs de commerce (*Matioubé;* au singulier, *Matioudo*), importés au Foûta-Diallon par les caravanes spéciales qui les ont achetés aux chefs guerriers dans les pays razziés.

Dans ce groupe, comptent également les prisonniers que les Foula ont eux-mêmes enlevés au cours des expéditions contre les peuples voisins ;

3° Un grand nombre d'indigènes des pays limitrophes (Siguiri, Kouroussa, etc.), qui, fuyant les colonnes de Samory et de ses lieutenants, sont venus demander aux Foula une hospitalité que ceux-ci ont traîtreusement transformée en servage[1].

Quelles que soient leurs origines, ces esclaves sont également maltraités : parqués dans leur «*roundé*»[2], ils vivent, à demi nus, dans une profonde misère. C'est à peine si leurs maîtres leur abandonnent une part dérisoire des produits qu'ils arrachent au sol, et chaque année ils sont littéralement réduits à la famine pendant plusieurs mois. Alors que dans les pays mandingues l'esclave n'est le plus souvent que le collaborateur de son maître et arrive, en peu de temps, à se considérer comme faisant partie de sa famille, le captif foula est le plus misérable des parias.

Aussi, de tout temps, les esclaves du Foûta-Diallon ont tenté des évasions que les Foulbé ont réprimées avec la plus froide cruauté ; des supplices inimaginables attendaient les malheureux qui échouaient dans leur tentative de fuite. Parfois même, des mutilations préventives (section du tendon d'Achille ou du jarret) étaient

____

[1] J'ai entendu des gens dignes de foi affirmer que le nombre de ces réfugiés était, en 1900, supérieur à 30,000.

[2] Les «*roundés*» ou «*ouroundés*» sont des villages de culture, uniquement habités par des captifs.

pratiquées sur les artisans, forgerons ou bijoutiers, dont l'habileté était trop appréciée d'un chef seïdianké...

Ceux qui parvenaient à gagner la frontière risquaient encore d'être repris par les Soussou qui ne se faisaient aucun scrupule de les revendre à leurs maîtres. Les plus heureux se réfugiaient dans la zone boisée et déserte, où ils vivaient en sauvages, ou parvenaient à atteindre les villages des populations fétichistes de la côte, Baga, Landouman, etc., qui leur assuraient un asile. Peu à peu, le nombre des réfugiés s'accrut et donna naissance au groupement actuel des Mikhiforé.

Ces fuites accidentelles n'auraient eu pour les Foulbé Foûta qu'une importance minime s'ils avaient possédé une classe nombreuse de captifs de case. Chez les Mandingues, on voit parfois quelques esclaves de commerce prendre la fuite : ce sont le plus souvent des hommes robustes, énergiques, qui ont été violemment arrachés de leur village par la guerre, et qui ne reculent devant aucun danger pour reconquérir leur liberté. Mais les captifs de case n'ont aucune raison pour s'enfuir, car le pays de leurs maîtres est devenu leur patrie.

Au Foûta-Diallon, je le répète, il n'existe pas à proprement parler de captifs de case. J'en ai indiqué plus haut la raison : on sait, en effet, que les Foula libres prennent comme concubines à peu près toutes les femmes esclaves qui présentent quelque charme; or, la loi musulmane (du moins dans son interprétation locale) exige que non seulement l'enfant qui naît de ces unions soit libre, mais encore qu'il confère la liberté à sa mère. Une simple présomption de grossesse suffit pour libérer la femme unie à un homme libre.

Dans ces conditions, il est évident que les mariages entre esclaves sont extrêmement rares : la captive qui épouse un homme de sa condition est le plus souvent infirme et impropre à la maternité. Le résultat de ces unions est presque toujours déplorable : les enfants, nés de parents débilités par la misère, sont décimés par les épidémies infantiles qui sévissent dans le Foûta et qui atteignent une fréquence effrayante dans les « roundé ».

D'autre part, les captifs mâles, condamnés par ces mœurs au célibat, ne s'attachent pas au sol où les fixerait une famille : aussi les plus valides d'entre eux saisissent avec empressement la première occasion que le hasard leur offre de quitter leurs oppresseurs, sûrs de rencontrer un pays moins inhospitalier que celui de leurs maîtres.

Pendant de longues années, les Foula ont pu compenser les vides que la libération des femmes et la fuite des mâles amenaient dans leur troupeau humain, en achetant à l'extérieur un nombre équivalent d'esclaves. Cet équilibre a pu se maintenir tant que les grands chasseurs d'hommes ont pu dévaster impunément la Boucle du Niger et jeter sur les marchés du Foûta-Diallon une quantité suffisante de chair humaine. Mais quand nos colonnes eurent détruit les pirates du Ouassoulou et du Kénédougou, et quand l'autorité française fut en mesure de prohiber efficacement le trafic honteux des esclaves, les Foulbé Foûta virent avec stupeur leur population servile fondre littéralement sous leurs yeux.

De plus, la pacification du Soudan a eu pour premier résultat d'encourager les indigènes, que les Foula avaient retenus chez eux au mépris des lois sacrées de l'hospitalité, à réclamer hautement leur liberté pour rentrer dans leur pays débarrassé de Samory. Le refus que leur opposèrent les Seïdianké fut le signal d'une exode en masse : ceux qui étaient cantonnés dans les provinces de l'Est du Foûta (c'était le plus grand nombre) regagnèrent leurs pays d'origine (Ouassoulou, Kourauko, etc.). Ceux de l'Ouest et de la région méridionale, qui avaient à traverser tout le Foûta pour rentrer chez eux, s'enfuirent vers les villages mikhifores. Mais comme jadis les Hébreux, beaucoup d'entre eux emmenèrent non seulement leurs femmes, leurs enfants, leurs compatriotes et leurs amis, mais encore tout ce qui put être dérobé aux maîtres détestés.

D'autre part, les colporteurs mandingues et soussou qui, depuis l'occupation française, ont littéralement envahi le Foûta-Diallon, ont d'autant moins de scrupules à favoriser la fuite des captifs qu'ils y trouvent le moyen de réaliser de sérieux bénéfices. Ils leur vantent la vie libre que mènent à Konakry les évadés qui ont trouvé un travail largement rémunéré sur les chantiers du chemin de fer. Ils leur énumèrent complaisamment les merveilles que l'on se procure avec de l'argent et offrent une part de leurs richesses en échange d'un bœuf que le captif ira la nuit suivante voler dans le « goré »[1] de son maître. Le « matioudo » n'hésite pas longtemps devant la tentation et sans retard les deux complices, pour éviter la

---

[1] Goré, parc à bœufs.

punition de leur méfait, gagnent le territoire anglais où le colporteur se débarrasse de sa marchandise compromettante en vendant le bœuf volé... et le voleur! Certains traitants soussou de Kinsam ont ainsi provoqué la fuite de plusieurs centaines de captifs et réalisé de la sorte une véritable fortune.

Enfin et surtout, les sentiments de dignité humaine et de liberté qui s'irradient autour des postes où flotte le pavillon français ont révélé aux malheureux esclaves du Foûta que leur sort misérable n'était pas éternel et que le jour était enfin venu où leur dur esclavage allait prendre fin.

On comprend que les Foulbé Foûta n'aient pas accueilli sans colère cette évolution qui bouleverse de fond en comble les conditions de leur existence. Si les paysans bourouré (qui d'ailleurs ont peu de captifs) se résignent d'assez bonne grâce à la libération des esclaves, il n'en est pas de même pour les gens de la caste aristocratique, qui sont inaptes à tout travail et consacrent tout leur temps à la prière et aux palabres. Aussi les chefs Seïdianké[1] ont-ils à plusieurs reprises tenté de rejeter vers la mer l'Européen envahisseur, auquel ils attribuent, non sans raison, la responsabilité de cette révolution. La revanche par les armes leur semblant trop hasardeuse contre un pouvoir qui s'étend de l'Atlantique au Tchad, ils dissimulent sous une apparente soumission leur haine exaspérée, à laquelle le fanatisme religieux promet la venue prochaine d'un Mahdi massacreur d'infidèles et restaurateur de l'ordre de choses aboli...

A l'heure actuelle, les communautés Mikhiforé ont réussi à s'organiser fortement sous le commandement d'un chef unique : elles ne possèdent pas d'esclaves et réprouvent l'Islamisme. Elles accueillent largement tous les fugitifs, mais elles obligent les nouveaux venus à faire l'apprentissage de la liberté : ceux qui viennent demander asile doivent donner, pendant trois années, deux jours de travail par semaine à la collectivité. Passé ce temps d'épreuve, ils sont autorisés à prendre femme et à fonder une famille...

J'ai eu l'occasion, au cours de la mission de délimitation de la Guinée portugaise, d'utiliser les services des Mikhiforé : j'ai toujours trouvé en eux des travailleurs dévoués, honnêtes et laborieux.

---

[1] Il faut ici entendre par Seïdianké toute la caste aristocratique du Foûta-Diallon.

7° Soussou. (Voir la carte. — N°s 11 et 12.)

Les Soussou ou Soso sont, comme on sait, l'une des grandes familles de la race Mandé. Les historiens arabes relatent qu'au commencement du xiiie siècle ils firent la conquête du royaume de Wagadou et qu'ils chassèrent devant eux les Soninké. Le détail de leurs migrations nous est assez bien connu.

Les traditions locales nous apprennent que les Soussou occupaient le massif montagneux de Foûta-Diallon avant l'arrivée des Fouibé Foûta. Ils ont conservé de leur station dans ce pays le nom de *Diallonké*[1] que leur donnent encore leurs voisins. (Diallonké, hommes du Diallon.) Ils ont laissé d'ailleurs de nombreuses traces de leur passage dans toute la région : on retrouve à chaque pas, dans les diverses provinces du Foûta, des dénominations géographiques en langue soussou, telles que *ghea*, montagne; *fili*, plateau; *kouré*, rivière, etc.

On rencontre en outre sur les confins du Foûta-Diallon des îlots ethniques plus ou moins considérables qui ont conservé, avec le type et l'idiome soussou, le nom générique de Diallonké. Le plus important de ces groupements est celui qui subsiste au Nord-Est du Foûta, aux sources de la rivière Fallémé : ce sont les Diallonké Langan et Sako, dont le principal village est Firghéa.

D'autres vestiges de l'occupation soussou se retrouvent sur le haut Tinkisso, dans le Kouranxo, et surtout dans les environs de Farana.

Actuellement, les Soussou proprement dits, que leurs congénères appellent *Diallonké dougouoûlé* (Soussou de la terre rouge[2]), habitent le territoire qui est compris entre la rivière Konkouré d'une part, la frontière franco-anglaise de Sierra Leone d'autre part, et

[1] Les Soussou de la basse Guinée se défendent de parenté immédiate avec les Diallonké de l'intérieur : ils se prétendent les descendants de l'aristocratie de l'ancienne race soso, dont les Diallonké actuels ne seraient que les clients : à les en croire, leurs «lamba» (diammou) seraient: Souma, Bangoura, Yattara, tandis que ceux des Diallonké seraient : Kamara (totem = le sénégali), Konté, Sisséla, Yala, Touré. Il est possible que le premier groupe n'ait fait que traverser le Foûta-Diallon, tandis que le second (Diallonké) y aurait séjourné jusqu'à son expulsion par les Foulbé. Les prétentions des Soussou ne me paraissent avoir d'autre fondement que la vanité généalogique, si commune chez les peuples primitifs.

[2] Les régions voisines de la côte sont formées d'argile rouge, produits détritiques des limonites ferrugineuses du haut pays.

la mer, à l'exception toutefois d'une bande littorale où ils ont refoulé les Baga (Manéa, Kaloum, Koba, etc.).

Ils s'étendent également sur la rive droite du bas Koukouré, sur le Rio Pongo et le Fatalla, jusqu'à la rivière Manga. Le désert du Oulaye les sépare des Mikhiforé et les collines du cap Verga des Baga foré.

Au Sud, ils se sont étendus sur la rive gauche de la Mellacorée aux dépens des Tymné.

Les Soussou ont longtemps été en guerre avec les Foula, qu'ils ont réussi à maintenir sur la rive droite du Konkouré.

Depuis plusieurs siècles les Soussou ont subi l'influence des Européens, notamment celle des Portugais : le nombre considérable de mots portugais employés dans leur idiome usuel en est une preuve manifeste. Ils ont été les intermédiaires obligés entre les négriers et les populations de l'intérieur pour la traite des esclaves. Au contact des blancs ils ont perdu le caractère guerrier qui distingue les Mandé. C'est à peine si quelques-uns de leurs chefs (*galimangué*) ont tenté de résister à l'occupation européenne.

A l'heure actuelle, les Soussou accordent volontiers l'hospitalité aux races voisines : les Foula et les Mandingues ont créé, surtout depuis quelques années, des villages importants jusqu'au cœur du pays soussou.

De leur côté, les Soussou n'hésitent pas à s'expatrier : ils occupent actuellement toute la vallée du Rio Nuñcz et absorbent chaque jour davantage les éléments indigènes, Landouman et Nalou, qui adoptent leurs usages et leur langue.

On les rencontre comme colporteurs dans tout le Foûta et dans les provinces du haut Niger; ils sont piroguiers et laptots en Casamance et en Guinée portugaise, forgerons et armuriers chez les Diola, marabouts chez les Foulacounda, mais surtout ils pullulent comme *griots* dans l'entourage de tous les chefs prodigues.

C. Famille Soninké. (Voir la carte. — N° 13.)

Il n'est pas probable que l'invasion soninké se soit avancée au Sud du 14e parallèle Nord, dans la direction de la Casamance et de la Guinée. Le groupement sérékhoullé (Soninké) qui prospérait, il y a quelques années encore, dans les environs de Sedhiou, était, à n'en pas douter, une colonie venue de Bakel, où se trouve le gros de la famille. Cette colonie ne compte plus aujourd'hui qu'un très petit nombre de représentants.

J'ai dit plus haut ce qu'il fallait penser des Soninké ou Sosée du Farinko : cette dénomination ne peut être, je le répète, qu'un nom injurieux donné à cette peuplade par leurs voisins musulmans. Néanmoins la question mérite d'être étudiée d'une manière plus approfondie.

Les Sérékhoullé (Sarracolets) se retrouvent à l'état individuel dans toute l'Afrique occidentale comme traitants ou comme laptots. Ils ne s'établissent presque jamais dans le pays sans espoir de retour : au bout de quelques années ils rentrent dans la région de Bakel.

2° RACES ABORIGÈNES.

J'ignore si l'étude des multiples dialectes de l'Ouest africain permettra jamais de conclure à l'existence d'une souche unique dont les nombreuses tribus nègres de la zone littorale seraient les rejetons. De remarquables efforts ont récemment été tentés dans cet ordre d'idées, mais nos connaissances linguistiques reposent encore sur des bases trop fragiles pour qu'un résultat définitif ait pu être atteint, du moins jusqu'à ce jour. Certes, beaucoup d'Européens parlent couramment le ɔ.olof, le malinké, le bambara, le soussou et le poular; certains, prétend-on, peuvent converser en diola, en bagnounka, en balaute et même en tymné. Mais je n'ai jamais entendu dire qu'un seul blanc, fût-ce un missionnaire, ait pu exprimer les idées les plus rudimentaires en koniagui, en biaffade, en nalou ou en langage bijougo. Les vocabulaires qu'ont rapportés les voyageurs les plus consciencieux sont le plus souvent d'assez vagues interprétations phonétiques, quand ils ne sont pas le fruit de l'imagination facétieuse d'un interprète d'occasion. Ma défiance repose sur de nombreux et célèbres exemples!...

D'autre part, la rareté et souvent même l'absence totale de documents anthropologiques indiscutables ne nous permettent pas d'établir scientifiquement un rapprochement ou une différenciation entre les familles de la région littorale.

Restent les données ethnographiques : si incomplètes et si inexactes qu'elles puissent être, elles nous font noter la persistance étrange, chez la plupart de ces tribus pour ne pas dire chez toutes, d'un certain nombre de caractères communs, qui nous amènent à soupçonner leur parenté.

Sans attribuer une importance exagérée à la numération qui-
naire, pas plus d'ailleurs qu'aux croyances animistes, qui se retrouvent à la base de toutes les sociétés, on ne peut s'empêcher de
remarquer que toutes les peuplades qui bordent les territoires peulh-
mandé, depuis le Sénégal jusqu'au Dahomey, ont conservé, comme
costume rituel, le petit tablier d'étoffe ou de cuir, taillé en triangle
et orné de franges. Ce costume rudimentaire, qui se porte en ar-
rière, dans toutes les cérémonies fétichistes, est appelé *koça* par les
Pakhalla du Barabo [1].

Toutes ces peuplades portent leurs enfants dans un panier ou
un sac en vannerie, avec ou sans couvercle, que la mère s'attache
sur le dos. Au contraire, les races soudaniennes soutiennent l'enfant roulé dans le pagne maternel.

Toutes enterrent leurs morts debout ou assis, dans un puits cylin-
drique, généralement prolongé par un tunnel horizontal; le ca-
davre est parfois exposé à l'air jusqu'à complète putréfaction; souvent
il est inhumé jusqu'aux épaules.

Chez toutes, le défunt est porté par ses proches dans les rues
du village, pour rechercher lui-même et livrer à la justice l'auteur
de sa mort, car, prétendent-ils, la mort est toujours le résultat d'un
maléfice.

Toutes attribuent l'héritage du chef de famille au neveu, fils de
la sœur aînée, précaution logique pour respecter les droits du sang
dans un pays où la fidélité des femmes est considérée comme affaire
de peu d'importance.

Toutes enfin ont conservé leurs sociétés secrètes, dont les pratiques
sanguinaires ou bizarres étaient primitivement destinées à épouvan-
ter l'étranger et ont dans la suite terrorisé les indigènes eux-mêmes.

On pourrait ajouter à cette énumération déjà trop longue, l'absence
de tatouages, la réprobation de l'esclavage, l'usage des *masques fétiches*,
les *ligatures* pour empêcher le vol, les sacrifices d'œufs et de jeunes
poulets, les trophées de chasse à l'entrée des villages, etc., etc.

On ne manquera pas d'objecter que beaucoup de ces traits de
mœurs sont communs à des races nègres, celles du Congo par
exemple, qu'il serait puéril de vouloir apparenter avec celles de
l'Afrique occidentale. Je reconnais tout le premier la valeur de l'ar-
gument et je conviens que la théorie de la parenté des peuplades

[1] D' MACLAUD, Les Pakhalla. *L'Anthropologie*, 1895.

que l'on pourrait appeler «populations de bordure» à cause de leur position géographique par rapport au pays peulh-mandingue, ne repose sur aucun fait absolument indiscutable.

Mais il n'en est pas moins vrai que tous les voyageurs qui ont fréquenté l'Ouest africain ont constaté que ces «populations de bordure», Diola ou Balante, Papel ou Koniagui, Tymné ou Toma, N'Gan ou Pakhalla, ont entre elles un «*air de famille*» bien fait pour retenir l'attention d'un observateur impartial. Seule l'étude approfondie des caractères anthropologiques de ces races pourra corroborer ou infirmer cette hypothèse.

Dans le but d'éviter au lecteur de fastidieuses recherches sur la carte annexée à cette note, j'indiquerai l'habitat des diverses peuplades en allant du Nord au Sud. Je ne ferai d'exception que pour les familles qui sont indiscutablement apparentées, comme le sont les Diola et les Yola, les Tenda et les Koniagui, les Tymné, les Tiapy et les Landouman, et enfin les Baga madori, les Baga foré et les Baga du Koba.

1° Diola. (Voir la carte. — N° 14.)

La famille diola s'étend sur les deux rives de la Basse-Casamance : sur la rive droite, elle occupe les territoires compris entre le marigot de Songrogrou, la frontière de Gambie et la mer ; elle comprend dans cette région les *Diola du Fogny*, cantonnés dans les environs de Bignona, les *Bliss*, entre le marigot de Diébati et la mer, et les *Karone*, localisés à l'embouchure de la Casamance, et les *Diougoute*, qui habitent sur le marigot de Thionk.

Sur la rive gauche du fleuve, les *Diola* s'étendent du marigot de Cajinolle (rivière d'Aramé des Portugais), qui relie la Casamance au Cacheo ; jusqu'à l'Atlantique, on y rencontre deux groupes principaux : 1° les *Floup* (*Feloupe*), qui occupent les bords des marigots d'Elinkine et de Cajinolle et dont la capitale est Oussouye, aujourd'hui poste français ; 2° les *Diamate*, appelés par les vieux auteurs Aïamate, qui dominent depuis l'embouchure du Cacheo au cap Roxo ; ces derniers possèdent les importants villages de Barella, Caton, Yal, Soukoudiak ; leur chef, Fodé Kaba, réside à Kérouèye.

Les origines des Diola sont obscures. Leurs légendes rappellent cependant qu'ils ont habité, il y a quatre siècles, un grand territoire situé au Nord-Est, qui ne peut être autre que le Fouladou actuel. Ils auraient donc été refoulés dans l'Ouest par les Mandingues. Si cette hypothèse est exacte, il faut remarquer la facilité avec laquelle une population terrienne est devenue une peuplade nettement palustre comme le sont les Diola actuels.

On pourrait sans doute retrouver dans les archives des gouvernements portugais de Ziguinchor et de Cacheo, la trace de ces migrations.

Le pays diola renferme un grand nombre de petites colonies étrangères : on y rencontre surtout des Ouoloff (Carabane), des Mandingues (Guimbering), des Manjake, des Grumètes (Papel), et même des Soussou et des Sierra-Leonais.

2° YOLA. (VOIR LA CARTE. — N° 15.)

On donne le nom de Yola à une peuplade peu nombreuse qui habite la rive droite du Rio Componi. Elle était, il y a quelques années, beaucoup plus importante : les Foulacounda et les Nalou l'ont dépouillée de la plus grande partie de son territoire. Quelques familles se sont réfugiées dans les îlots marécageux qui bordent la rive méridionale du Rio Grande de Bolola.

Les Yola ne seraient qu'une tribu aberrante de la famille diola qui était primitivement établie sur la rive gauche du Cacheo, en aval de la ville du même nom. Elle aurait été rejetée dans le Sud par les Papel, d'abord, puis par les Biaffade.

Une autre hypothèse les fait venir du Fouladou, chassés dans le Sud-Ouest par les Mandingues, puis par les Foulacounda.

Il serait à souhaiter que l'on recueillît de plus amples renseignements sur cette famille qui est en voie de disparition, absorbée par les Laudouman du Rio Nuñez et les Foulacounda du Foréa.

3° BAYOTTE. (VOIR LA CARTE. — N° 16.)

Les Bayotte, ainsi que les gens d'Essigne, leurs voisins de l'Ouest, appartiennent sans aucun doute à la famille diola, bien que leurs mœurs et leur idiome en soient bien différents.

Ils habitent des villages cachés dans l'épaisseur de la forêt qui s'étend au Sud de Ziguinchor, entre le marigot de Cajinolle et celui de Guidel. Au Sud, ils s'avancent jusqu'à Niabalan, sur le Rio Cachéo.

Les Bayotte n'ont aucune relation avec leurs voisins; cependant, depuis quelques années, certains d'entre eux, notamment des femmes, s'engagent à Ziguinchor comme débardeurs.

Au milieu du pays bayotte, on rencontre de nombreux campements de Manjake, qui viennent tous les ans pendant la bonne saison extraire du caoutchouc dans la forêt.

4° BAGNOUNK OU BAGNOUNKA. (VOIR LA CARTE. — N° 17.)

Les Bagnounka [1] habitent la région boisée comprise entre la rive gauche de la Casamance, le marigot de Guidel et celui de Singueur.

Cette famille, aujourd'hui en pleine décadence, s'étendait, récemment encore, jusqu'à la rivière de Safane, d'où elle a été chassée par les Balante. On voit encore, entre Safane et Singueur, les ruines d'un certain nombre de villages bagnounka, qui ont été détruits par les Balante.

Les Bagnounka vivent dans une sorte de communisme; chez eux, personne n'a le droit de posséder quoi que ce soit en propre, sous peine de subir l'épreuve du poison. Leur paresse est légendaire : ils laissent les Manjake exploiter le caoutchouc de leurs forêts et se contentent des maigres cultures de mil qu'ils installent à la porte de leurs villages. Par contre, ils donnent tous leurs soins au palmier à huile qui leur fournit assez de vin de palme pour satisfaire leur goût pour les boissons fermentées.

Les Bagnounka ne s'expatrient pas. Bien qu'en contact depuis plusieurs siècles avec les missionnaires catholiques portugais, ils sont inaptes à la fois à l'agriculture et au commerce.

5° KASSANGA ET KAMBOUYANE. (VOIR LA CARTE. — N°* 18 ET 19.)

Ces deux familles se défendent énergiquement d'être apparentées avec les Bagnounka, mais leur aspect physique et leurs mœurs semblent démontrer que leur origine est commune.

Les Kassanga habitent les villages de Sapatère, de Matagalhinas, et de Bouache, sur les rives vaseuses de Rio Cachéo : d'après leurs traditions, leurs pères auraient jadis dominé sur toute la rive gauche de la Casamance, qui leur devrait son nom (*Kassa mança*, l'empire des Kassa ou Kassanga).

Aujourd'hui, ce n'est plus qu'un groupe de 700 à 800 individus parlant tous le créole portugais.

---

[1] On pourrait écrire avec plus d'exactitude Baïnounka.

Les Kambouyane sont encore moins nombreux. Ils sont localisés dans les environs de Dianding (Jande), au confient du marigot du Poilão de Lion avec le Rio Cacheo et sur les bords de la rivière de Bugampor. Ils sont pêcheurs et piroguiers ; quelques-uns d'entre eux servent comme matelots sur les côtres de Cacheo ou comme manœuvres dans les *puntas* (escales de commerce) de la rivière.

6° BRAME. (VOIR LA CARTE. — N° 20.)

Cette famille se rencontre dans la boucle à concavité septentrionale que fait le Cachéo à son tiers inférieur, d'où elle a chassé les Bagnounka et les Kassanga.

Elle se retrouve également sur la rive droite du fleuve et s'étend entre les Papel et les Manjake, jusque dans le voisinage de l'estuaire du Rio Geba.

Le centre de leur groupement est situé sur la rive gauche de cette dernière rivière et dans l'île où s'élève Boulam, capitale de la Guinée portugaise.

Les Brame présentent quelques ressemblances avec les Papel et les Manjake. Ils s'expatrient avec la plus grande facilité : le gouvernement portugais a essayé de les utiliser pour peupler les environs du poste de Farim. Le résultat a dépassé les espérances, car ils s'y sont admirablement développés.

Mais les Brame (que les Portugais appellent aussi Mancagnes) sont de terribles destructeurs d'arbres. En moins de dix ans ils ont fait disparaître la forêt qui recouvrait toute la province de Farim.

Les colonies brame qui habitent sur la frontière franco-portugaise, au sud du pays Bagnounka, font chaque année des coupes sombres dans la région boisée voisine de la Casamance ; le riz et le mil qu'ils cultivent dans les clairières qu'ils créent de la sorte ne compensent pas la perte considérable qu'ils font subir à la colonie, du fait de la destruction des bois à caoutchouc. Aussi l'administration compétente a-t-elle pris les mesures nécessaires pour endiguer cette invasion désastreuse.

7° BALANTE. (VOIR LA CARTE. — N° 21.)

Une zone d'une dizaine de kilomètres sépare le pays des Balante des régions occupées par leurs voisins : cette «marche de guerre» n'est d'ailleurs pas un obstacle suffisant pour les empêcher d'aller razzier les villages limitrophes.

Le pays des Balante, que les Mandingues appellent Balanta-kounda, s'étend sur la rive gauche de la Casamance entre le marigot de Singueur et celui de Simbandi. Sur la rive droite du Cachéo, ils occupent la zone comprise entre la rivière de Simbore et Samodji de Baixo. Sur la rive gauche, leurs villages s'avancent jusqu'au Rio Mansoa.

Les Balante n'entretiennent aucune relation avec les peuplades voisines : ils n'hésitent pas à mettre à mort les Manjake et les Mandinké qui se hasardent sur le territoire, pour y récolter du caoutchouc.

Ils se font la guerre de village à village et il n'est pas rare de rencontrer des vieillards qui ne se sont jamais éloignés de plus de 10 kilomètres de leur case. Autrefois, on ne voyait à Sedhiou ou à Ziguinchor que les Balante qui avaient dû s'enfuir de leur pays à la suite de quelque méfait; mais depuis quelques années, ils commencent à s'expatrier et à louer leurs services sur les côtres de la Casamance; pendant les travaux de la mission de délimitation, j'ai employé plusieurs Balante comme porteurs ou comme piroguiers : ils sont laborieux, dévoués et honnêtes, mais malheureusement très enclins à l'ivrognerie.

8° Manjake. (Voir la carte. — N° 22.)

Les Manjake ou Mandiago habitent le long de la « Coste de Baixo », qui s'étend sur la rive droite du Rio Géba entre le fond de l'estuaire et l'embouchure du Rio Mansoa.

Les Manjake émigrent chaque année vers les territoires de la Casamance, où ils vont récolter du caoutchouc dans les forêts de Bayotte, des Bagnounka et même dans celle du Fogny. Ils vendent leurs produits à Ziguinchor et à Cachio et rentrent chez eux au moment des cultures.

Le gouvernement portugais a vainement tenté d'interdire ces migrations, très préjudiciables au commerce de la Guinée portugaise.

Les Manjake parlent presque tous le créole portugais : certains d'entre eux (*christians*) deviennent d'excellents employés de commerce; ils sont, dit-on, très intelligents, mais leur probité est sujette à caution.

9° Papel. (Voir la carte. — N° 23.)

Cette superbe race occupe la région littorale qui s'étend entre le Cachéo et l'embouchure du Rio Mansoa qui la sépare des Manjake : elle peuple également les îles vaseuses qui bordent la rive droite de l'immense estuaire du Rio Géba et notamment les îles de Bissão (Bissâu) et de Bissis.

Les Papel sont éminemment guerriers : le gouvernement portugais a éprouvé de grandes difficultés à les réduire : à deux reprises ils ont assiégé la ville de Bissão (1891 et 1894) et, en 1904, ceux du Churo ont tenu le poste de Cachéo étroitement bloqué. D'autre part, ils se sont vaillamment battus aux côtés des Portugais contre les musulmans de l'Ouèye en 1901 et en 1903.

Bien qu'à demi sauvages, les Papel comptent beaucoup de catholiques dans leurs rangs : on donne le nom de « christians » à ceux d'entre eux qui parlent l'idiome créole. Ceux qui ont acquis un vernis de civilisation s'appellent Grumètes (*Gourmets* des anciens auteurs).

Les Grumètes ont pour ainsi dire le monopole du commerce et de la navigation dans les mers de la Guinée portugaise : on retrouve leurs *puntas* ou factoreries sur tous les affluents navigables du Cachéo, du Géba, du Rio Grande et du Cassini : on les rencontre également à Carabane, à Ziguinchor, à Bathurst, au Rio Nuñez et même à Gorée.

10° Biaffade. (Voir la carte. — N° 24.)

Les Biaffade ou Biaffare sont localisés aujourd'hui dans la région qui s'étend des environs de Bouba à l'embouchure du Rio Géba. Ils occupaient jadis tout le pays de Cossé et même une partie du N'Gabou, d'où ils ont été chassés par les Mandingues. La tradition rapporte que leur grand village de Paye-aye-Gaya soutint un siège d'une année contre les Mandinké : à bout de forces, les Biaffade s'échappèrent par un souterrain, qui, s'ouvrant au milieu du village, passait au-dessous du lit du Rio Grande (Kroubal) et débouchait à 8 kilomètres au Sud-Est de la rivière. On m'a montré l'ouverture de ce souterrain fameux; mais les éboulements récents qui en obstruent l'entrée ne m'ont pas permis d'en entreprendre l'exploration.

Les Biaffade ont été chassés des rives du Kroubal vers la moitié du XIXe siècle par les Foulacounda. Plus récemment, ces mêmes Foulbé leur ont enlevé la vallée du moyen Giba et les ont rejetés sur les territoires occupés par les Brame et les Yola, à l'Ouest de Bouba.

11° NALOU. (VOIR LA CARTE. — N° 26.)

Il y a moins d'un siècle, les Nalou occupaient toute la région qui s'étend entre l'estuaire du Cassini et le cours inférieur du Rio Nuñez; leurs villages s'avançaient dans la direction du Nord-Ouest jusqu'au coude du Rio Cogon. Mais les Foulacounda les chassèrent du Foréa et les rejetèrent dans les îles vaseuses du littoral.

Sous le règne de leur dernier roi Dinah Salifou, ils avaient encore quelques établissements sur la rive gauche du Rio Nunez (Soukoubouli, Caniope, etc.), mais, après la mort de ce chef, les Nalou émigrèrent en grand nombre vers le Cassini.

Aujourd'hui, ils n'ont plus guère sur le territoire français que les îles Tristão et la presqu'île comprise entre l'embouchure du Rio Componi et celle de Rio Nuñez.

On a dit souvent que les Nalou ne ressemblaient à aucune des peuplades du littoral, à l'exception des Bijougo qui habitent l'archipel des Bissagos. Dans son livre sur la Guinée, M. Cl. Madrolle [1] rapporte une tradition qui fait descendre les Nalou d'un chargement d'esclaves jeté à la côte par un naufrage. M. G. Paroisse [2] a fait justice de cette étrange généalogie.

Il est vraisemblable que les Nalou ont occupé, à une époque plus ou moins reculée, le N'Gabou et la région du Haut-Géba, qu'ils auraient quittée devant l'invasion des Mandinké ou des Foulacounda. On remarque, en effet, que dans tout le pays qui s'étend entre le cours supérieur du Rio Géba et le Rio Componi, et là seulement, les noms d'un grand nombre de villages commencent par la syllabe *Kan* ou *Kon* (Kankeléfa, Kondiata, Kandienoou, Kamdemba, Kandiafara, etc.). Or le préfixe *Kam* signifie « village de » en dialecte nalou.

Quoi qu'il en soit, les Nalou sont aujourd'hui en voie de disparition : ceux qui ont conservé leur langue et leurs mœurs vivent à

[1] Cl. MADROLLE. *En Guinée* (1894).
[2] G. PAROISSE. Notes sur les peuplades de la Guinée française. *L'Anthropologie*. 1896.

l'écart dans les lagunes boisées du littoral. Ceux qui sont entrés en contact avec les autres peuplades perdent leurs caractères ethniques et prennent l'idiome et les coutumes des Soussou ou des Foulbé musulmans.

12° Bijougo ou Biyougo. (Voir la carte. —N° 25.)

Les Bijougo sont cantonnés dans les îles de l'archipel des Bissagos. Ils n'ont aucune relation avec les autres tribus indigènes.

Leur inhospitalité et leur sauvagerie sont proverbiales.

Je n'ai pu me procurer aucun renseignement précis sur cette population.

13° Landouman. (Voir la carte. — N° 27.)

Le pays des Landouman ou Landoumataye s'étend sur les deux rives de la vallée moyenne du Rio Nuñez : cette famille possède également quelques rares villages, disséminés sur l'éperon rocheux qui rejette dans le Nord, puis dans l'Ouest, le cours du Rio Cogon. Leurs centres les plus importants sont Wakria et Katiméné, jadis résidences de deux familles royales.

Les Landouman ont soutenu de longues guerres contre les Foulacounda et les Foulbé Foûta. Ils ont également tenté de résister à l'occupation française, et le poste de Boké a été construit pour les contenir.

Les Landouman ont subi l'influence de leurs voisins soussou et foulbé; comme les Nalou, ils ont pris les coutumes de leurs voisins. Mais, depuis quelques années, le sentiment national semble se réveiller chez eux, sans doute au contact des Mikhiforé. Ils commencent à s'adonner avec succès au commerce et à l'agriculture; ils n'hésitent plus à s'expatrier et à aller chercher du travail au loin : pendant les cinq années qu'ont duré les travaux de la délimitation de la Guinée portugaise, la mission française a conservé une équipe de Landouman qui ont toujours été des travailleurs infatigables et dévoués.

14° Tiapy. (Voir la carte. — N° 28.)

On donne le nom de Tiapy aux familles Landouman qui habitent la rive gauche du Rio Grande (Kokoli), en amont de Kadé et dans la vallée supérieure du Rio Cogon.

Les Tiapy n'ont été séparés des Landouman qu'à une époque assez récente (fin du xviiie siècle).

D'après une tradition locale, ils seraient les descendants de prisonniers de guerre, razziés dans le pays landouman par une colonne de Foulbé Foûta. D'autre part, il n'est pas invraisemblable que ces Tiapy soient les «témoins» restés sur place, du groupe landouman, rejeté sur le Rio Nuñez par l'invasion peulh.

Quelle que soit l'opinion à laquelle on se rattache, on ne peut nier l'identité complète entre les Tiapy et les Landouman.

Depuis quelques années, les premiers ont commencé un mouvement marqué d'émigration pour rejoindre leurs parents du Rio Nuñez.

✗ 15° Tymné. (Voir la carte. — N° 29.)

Les Tymné constituent une importante tribu qui habite à l'embouchure de la Grande Scarcie et qui s'étend jusqu'à proximité de la rive gauche de la Mellacorée.

Les Tymné et les Landouman se considèrent comme issus d'une souche commune : leurs mœurs et leurs langues sont presque identiques.

D'après leurs traditions, Tymné, Tiapy, Landouman, habitaient la vallée de la haute Gambie, quand ils furent déplacés par l'invasion soussou-diallonké. Une partie de la famille fut rejetée sur le Rio Grande (Tiapy) et de là, sur le Rio Nuñez (Londouman), l'autre fut repoussée par l'avant-garde soussou jusqu'à la Mallacorée (Tymné).

Le groupe tymné est beaucoup plus nombreux que le groupe landouman : il a mieux résisté que ce dernier aux attaques de ses voisins.

Les Tymné ont conservé un caractère belliqueux dont les Landouman n'ont pas gardé de trace. Récemment encore, ils ont dirigé des expéditions heureuses contre les Soussou du Moréa, contre les Mindé de la petite Scarcie et contre les Baga de Kaporo, qu'ils ont pourchassés jusqu'à Konakry, avant l'occupation française (1885).

✗ 16° Baga. (Voir la carte. — N°s 30, 31, 32.)

On désigne sous le nom de Baga, des familles indigènes qui habitent la zone d'alluvion, entrecoupée de marigots, qui borde l'Océan, depuis l'embouchure du Rio Compony jusqu'à celle de la rivière de Morébaya.

On a prétendu que les diverses tribus baga n'avaient entre elles aucune parenté [1]. Je ne saurais me rallier à cette opinion : qu'il s'agisse des Baga Madori, des Baga Foré, des Baga Koba ou des Baga du Katoum, tous présentent un type sensiblement commun : leurs mœurs et leurs idiomes n'offrent que des différences tout à fait secondaires.

Il est indiscutable que les **Baga** ont, plus que toutes les autres races de la Guinée, été exposés à l'influence étrangère; écrasés le long de la côte par la pression des peuplades, elles-mêmes chassées par les envahisseurs, ils ont dû se mélanger avec les populations autochtones qui les précédaient dans la zone marécageuse. Ne pouvant fuir devant les nouveaux venus, ils n'ont pas échappé à l'empreinte des races conquérantes : c'est ainsi que les Baga Madori ont dû prendre beaucoup des coutumes des Nalous et des Biaffade, que les Baga Foré ont été modifiés par le contact prolongé des Landouman et qu'enfin les Baga du Sud, harcelés par les Soussou, ont fini, sur beaucoup de points, par oublier leur propre idiome, pour ne plus faire usage que de celui de leurs vainqueurs. Leurs coutumes religieuses et leurs sociétés secrètes, bien qu'identiques dans leurs grandes lignes, se sont différenciées : le *Matchiol* (société secrète) des Baga Madori rappelle le *Simo* nalou et, dit-on, les sociétés bijougo; le *Bansongni* des Baga Foré leur est commun avec les Landouman; par contre les Soussou ont emprunté leur *Simo* aux Baga du Sud...

Les légendes des Baga leur assignent comme origine le massif montagneux du Foûta : je n'ai pu recueillir aucun fait qui vienne à l'appui de cette hypothèse. Dans tous les cas, cette migration doit s'être produite à une époque très reculée, car les Baga sont aujourd'hui merveilleusement adaptés au pays qu'ils habitent. S'ils ont été jadis une race montagnarde, de nombreux siècles ont dû s'écouler avant qu'ils soient devenus la population maritime qu'ils sont actuellement.

Les Baga Madori sont localisés dans la région marécageuse qui s'étend entre les bouches du Rio Componi et le marigot de Tonkima.

---

[1] G. PAROISSE, *loc. cit.*

Les Baga Foré [1] habitent entre le Rio Nuñez et le Rio Katako : leurs principaux villages sont Taïbé, Kouffin, Monson, Katongueron, etc.

Les Baga du Sud occupent le Koba, entre le Rio Pongo et le Bramaya, la province de Manéa et la presqu'île du Kaloum (Konakry).

Si les Madori conservent encore leur sauvagerie, les Baga Foré se sont ouverts à un commencement de civilisation au contact des traitants européens et sierra-leonais. Les Baga du Sud ne diffèrent plus guère des Soussou, avec lesquels le mélange est presque complet.

Les Baga sont une race industrieuse, probe et économe, qui est appelée, à mon avis, à jouer un rôle important dans l'évolution de l'Afrique occidentale.

17° TENDA. (VOIR LA CARTE. — Nᵒˢ 33, 34, 35, 36.)

a. *TENDA PROPREMENT DITS.* — b. *KONIAGUI.* — c. *BASSARI.* — d. *BADIAR.*

La famille Tenda est de beaucoup la plus sauvage de toutes celles de l'Afrique occidentale; les tribus qui la composent n'ont jusqu'à ce jour eu avec les Européens que des rapports hostiles.

Elle occupait, vers le milieu du xixᵉ siècle, tout le pays compris entre le Rio Grande (Koli), son affluent la rivière Bantama, la Gambie et la province du Pakam. D'après Rançon [2] elle se serait même étendue sur la rive droite de la Gambie, au nord de Damentan, dans la province de Tenda-Touré, d'où elle aurait été chassée par les Mandingues.

Les Foulbé Fouta les rejetèrent au Nord de la rivière Koulountou, après leur avoir pris le Tenda-Bohéni.

En 1892, un marabout peulh Tierno Ibrahima N'Dama les repoussa au Nord du Sinini, affluent du Koulountou, et fonda la mosquée de Boussoura.

Les Tenda se divisent en quatre groupes : les Tenda proprement dits, les Koniagui, les Bassari, et les Badiar.

Les Tenda ont quitté le groupement principal à une époque indéterminée, mais relativement récente : ils occupent actuellement un canton, situé sur la rive gauche du Componi entre les

[1] Baga foré veut dire en soussou Baga noir ou Baga sauvage, sans doute par opposition avec les Baga du Sud, plus civilisés.

[2] Dʳ RANÇON. *Dans la Haute-Gambie*, 1896.

marigots de Tomboya et celui de Katiatiérou. Ils sont peu nombreux et vivent isolés dans la forêt.

Les Koniagui habitent la rive droite de la rivière Koulountou : une colonne de guerre (1906) vient de les punir du meurtre d'un officier français.

Les Bassari sont localisés dans la région montagneuse qui sépare la vallée du Koulountou d'avec la Gambie. Ils semblent être moins guerriers que les Koniagui.

Enfin, les Badiar, qui ont subi l'influence des Mandinké du Pakesi et des Foulacounda, se tiennent sur la rive gauche des Koulountou entre les monts Badiar et le Fellozkataba.

Les Tenda, comme la plupart des populations du littoral, n'auraient pas manqué de disparaître tôt ou tard devant les attaques acharnées que les musulmans dirigent contre eux. L'autorité française, qui s'est vue dans la nécessité de les châtier à un certain moment, assure leur conservation en les protégeant contre leurs ennemis. Ces races, infiniment plus résistantes que les Foulbé et les Mindanké, avilis par les pratiques de l'esclavage, seront un jour une merveilleuse source d'énergie, quand le contact de l'Européen les aura tirées de l'état sauvage où elles croupissent.

Les données que je viens de rapporter ici, avec toute la précision que comportent nos connaissances si incomplètes, ne tarderont certes pas à devenir inexactes : non pas parce que les peuplades continueront à se ruer sur leurs voisines pour les déposséder de leurs biens ou pour les réduire en esclavage et continueront ainsi le cycle de leurs migrations, mais parce que la *sécurité*, qui est le premier bienfait de la civilisation, incitera les individus à sortir de leur tribu pour entreprendre des voyages, hier encore pleins de dangers. Les populations oublieront les haines séculaires qui les isolaient les unes des autres, et les hommes iront au loin chercher le bien-être dont ils sont chaque jour plus avides. Bientôt une race nouvelle, faite de toutes ces tribus disparates, peuplera les territoires de l'Afrique occidentale, de l'Atlantique aux confins du Sahara...

L'ethnologie y perdra une occasion d'observations passionnantes, mais la cause de la civilisation aura accompli un pas décisif.

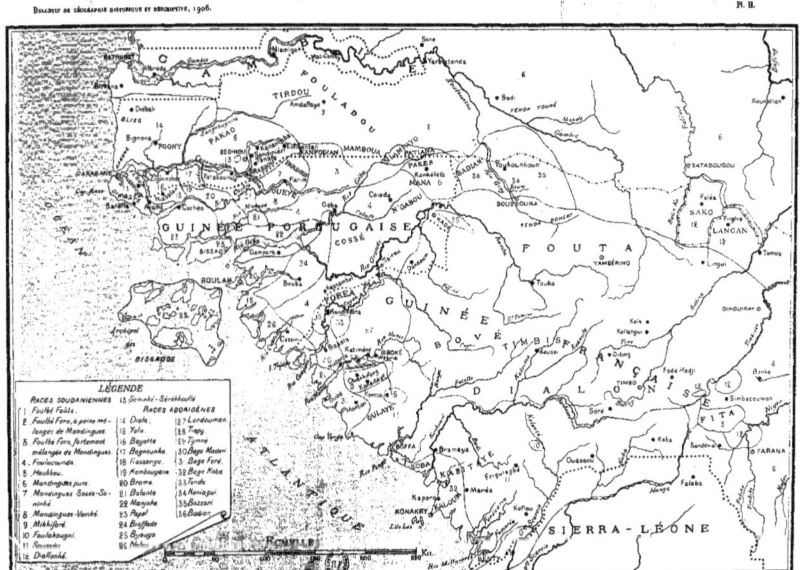

DISTRIBUTION GÉOGRAPHIQUE DES RACES SUR LA CÔTE OCCIDENTALE D'AFRIQUE, DE LA GAMBIE À LA MELLACORÉE.

9 782013 675031